Serie ID16™©

Ihr Persönlichkeitstyp: Animateur (ESTP)

Ihr Persönlichkeitstyp: Anwalt (ESFJ)

Ihr Persönlichkeitstyp: Berater (ENFJ)

Ihr Persönlichkeitstyp: Betreuer (ISFJ)

Ihr Persönlichkeitstyp: Direktor (ENTJ)

Ihr Persönlichkeitstyp: Enthusiast (ENFP)

Ihr Persönlichkeitstyp: Idealist (INFP)

Ihr Persönlichkeitstyp: Inspektor (ISTJ)

Ihr Persönlichkeitstyp: Künstler (ISFP)

Ihr Persönlichkeitstyp: Logiker (INTP)

Ihr Persönlichkeitstyp: Mentor (INFJ)

Ihr Persönlichkeitstyp: Moderator (ESFP)

Ihr Persönlichkeitstyp: Praktiker (ISTP)

Ihr Persönlichkeitstyp: Reformer (ENTP)

Ihr Persönlichkeitstyp: Stratege (INTJ)

Ihr Persönlichkeitstyp: Verwalter (ESTJ)

Weißt du, wer du bist?

Persönlichkeitstest ID16™©

Weißt du, wer du bist?

Persönlichkeitstest ID16™©

Serie ID16™©

JAROSŁAW JANKOWSKI

LOGOS MEDIA

__Weißt du, wer du bist? Persönlichkeitstest ID16™©__

Diese Veröffentlichung hilft Ihnen, Ihr Potenzial besser zu nutzen, gesunde Beziehungen zu anderen Menschen aufzubauen und richtige Entscheidungen auf Ihrem Bildungs- und Berufsweg zu treffen. Sie sollte aber keineswegs als Ersatz für eine fachliche psychologische oder psychiatrische Beratung angesehen werden.

Der Autor sowie der Herausgeber übernehmen keine Haftung für eventuelle Schäden, die aufgrund der Nutzung dieser Publikation entstanden sind.

ID16™© ist eine vom Autor geschaffene Persönlichkeitstypologie, die nicht mit Typologien und Tests anderer Autoren oder Institutionen verglichen werden kann.

Aus Gründen der Lesbarkeit wurde im Text die männliche Form gewählt, nichtsdestoweniger beziehen sich die Angaben auf Angehörige beider Geschlechter.

Originaltitel: Kim jesteś? Test osobowości ID16™©

Übersetzung aus dem Polnischen: Wojciech Dzido, Lingua Lab, www.lingualab.pl

Redaktion: Martin Kraft, Lingua Lab, www.lingualab.pl

Technische Redaktion: Zbigniew Szalbot

Herausgeber: LOGOS MEDIA

Druckausgabe: ISBN 978-83-7981-109-0

eBook (EPUB): ISBN 978-83-7981-110-6

eBook (MOBI): ISBN 978-83-7981-111-3

Inhaltsverzeichnis

Einführung

Zu welchem der 16 Persönlichkeitstypen gehören Sie? Sind Sie ein energischer und entschlossener *Verwalter*? Ein sensibler und kreativer *Künstler*? Oder doch eher ein analytischer und scharfsinniger *Logiker*?

Dank dem Persönlichkeitstest ID16$^{TM©}$ finden Sie die Antwort auf diese spannende Frage und werden sich selbst und andere Menschen besser verstehen können!

Das Buch enthält zum einen den Persönlichkeitstest ID16$^{TM©}$, der aus 84 Fragen besteht, die auf Ihre Reaktionen und Verhaltensweisen in gewöhnlichen, alltäglichen Situationen eingehen. Zum anderen erhalten Sie mit diesem Werk auch die Profile der einzelnen Persönlichkeitstypen und Informationen über ihre natürlichen Veranlagungen.

Dank der Jungschen Persönlichkeitstests lernen jedes Jahr Millionen von Menschen sich selbst und andere besser kennen. Infolgedessen verbessert sich ihr Leben und die Beziehungen zu anderen Menschen.

Wir hoffen, dass Ihr Abenteuer mit den Persönlichkeitstypen gerade zu solchen positiven Veränderungen beiträgt.

DIE HERAUSGEBER

ID16^{TM©}
im Kontext Jungscher
Persönlichkeitstypologien

ID16™© gehört zur Familie der sog. Jungschen Persönlichkeitstypologien, die auf der Theorie von Carl Gustav Jung (1875-1961) basieren – einem Schweizer Psychiater und Psychologen und einem der wichtigsten Vertreter der sog. Tiefenpsychologie.

Auf Grundlage langjähriger Forschungen und Beobachtungen kam Jung zur Schlussfolgerung, dass die Unterschiede in der Haltung und den Vorlieben von Menschen nicht zufällig sind. Er erschuf daraufhin die heute bekannte Unterscheidung in Extrovertierte und Introvertierte. Ferner unterschied Jung vier Persönlichkeitsfunktionen, die zwei gegensätzliche Paare bilden: Empfindung – Intuition und Denken – Fühlen. Jung betonte, dass in jedem dieser Paare eine der Funktionen dominierend ist. Er kam zur Einsicht, dass die dominierenden Eigenschaften eines jeden Menschen stetig und unabhängig von externen Bedingungen sind, ihre Resultante hingegen der jeweilige Persönlichkeitstypus ist.

Im Jahre 1938 erschufen zwei amerikanische Psychiater, Horace Gray und Joseph Wheelwright, den ersten Persönlichkeitstest, der auf der Theorie von Jung basierte und die Bestimmung dominierender Funktionen in den drei von ihm beschriebenen Dimensionen ermöglichte: **Extraversion-Introversion, Empfindung-Intuition** sowie **Denken-Fühlen.** Dieser Test wurde zur Inspiration für andere Forscher. Im Jahre 1942, ebenfalls in den USA, begannen wiederum Isabel Briggs Myers und Katharine Briggs ihren eigenen Persönlichkeitstest anzuwenden. Sie erweiterten das klassische, dreidimensionale Modell von Gray und Wheelwright um eine vierte Dimension: **Bewertung-Beobachtung.** Die meisten der späteren Typologien und Persönlichkeitstests, die auf der Theorie von Jung basierten, übernahmen daraufhin auch diese vierte Dimension. Zu ihnen gehört auch u. a. die amerikanische Studie aus dem Jahre 1978 von David W. Keirsey sowie der Persönlichkeitstest von Aušra Augustinavičiūtė aus den 1970er Jahren. In den folgenden Jahrzehnten folgten Forscher aus der ganzen Welt, womit sie weitere vierdimensionale Typologien und Tests erschufen, die an lokale Bedingungen und Bedürfnisse angepasst wurden.

Zu dieser Gruppe gehört die unabhängige Persönlichkeitstypologie ID16™©, die in Polen vom Pädagogen und Manager Jarosław Jankowski erarbeitet wurde. Diese Typologie, die im ersten Jahrzehnt des 21. Jahrhunderts veröffentlicht wurde, basiert ebenfalls auf der klassischen Theorie von Carl Gustav Jung. Ähnlich wie auch andere moderne Jungsche Typologien reiht sie sich in die vierdimensionale Persönlichkeitsanalyse ein. Im Falle von ID16™© werden diese Dimensionen als **vier natürliche Veranlagungen** bezeichnet. Diese Veranlagungen haben einen dichotomischen Charakter, ihre Charakteristik hingegen liefert Informationen über die Persönlichkeit eines Menschen. Die Analyse der ersten Veranlagung hat die Bestimmung einer dominierenden **Lebensenergiequelle** zum Ziel (äußere oder innere Welt). Die zweite Veranlagung wiederum bestimmt die dominierende Art und Weise, wie **Informationen aufgenommen werden** (mithilfe von Sinnen oder Intuition). Die dritte Veranlagung hingegen determiniert die dominante **Entscheidungsfindung** (Verstand oder Herz). Die Analyse der letzten Veranlagung schlussendlich liefert den dominanten **Lebensstil** (organisiert oder spontan). Die Kombination aller natürlichen Veranlagungen ergibt im Endresultat einen von **16 möglichen Persönlichkeitstypen**.

Eine besondere Eigenschaft der Typologie ID16™© ist ihre praktische Dimension. Sie beschreibt die einzelnen Persönlichkeitstypen in der Praxis – auf der Arbeit, im Alltag oder in zwischenmenschlichen Kontakten und Beziehungen. Diese Typologie konzentriert sich nicht auf die innere

Dynamik der Persönlichkeit und versucht nicht, eine theoretische Erklärung für innere, unsichtbare Prozesse zu finden. Viel mehr versucht sie zu erläutern, wie die jeweilige Persönlichkeit nach außen wirkt und welchen Einfluss sie auf ihr Umfeld nimmt. Diese Fokussierung auf den sozialen Aspekt einer jeden Persönlichkeit stellt eine Gemeinsamkeit mit der o. g. Typologie von Aušra Augustinavičiūtė dar.

Jeder der 16 Persönlichkeitstypen ID16™© ist eine Resultante natürlicher Veranlagungen des Menschen. Die Zuschreibung zum jeweiligen Typus birgt aber keine Bewertung. Keiner der Typen ist besser oder schlechter als die anderen. Jeder von ihnen ist schlichtweg anders und verfügt über seine eigenen starken und schwachen Seiten. ID16™© erlaubt es, diese Unterschiede zu identifizieren und sie zu beschreiben. Er hilft einem dabei sich selbst zu verstehen und seinen Platz auf dieser Welt zu finden.

Die Tatsache, dass Menschen ihr eigenes Persönlichkeitsprofil kennen, erlaubt es ihnen, voll und ganz ihr Potenzial zu nutzen und an all jenen Gebieten zu arbeiten, die ihnen Probleme bereiten könnten. Es ist eine unschätzbare Hilfe im Alltag, bei der Suche nach Problemlösungen, beim Aufbau gesunder zwischenmenschlicher Beziehungen sowie bei der Entscheidungsfindung auf dem Bildungs- und Berufsweg.

Die Identifizierung des Persönlichkeitstypus ist kein willkürlicher oder mechanischer Prozess. Jeder Mensch ist als „Inhaber und Nutzer seiner Persönlichkeit" in vollem Maße kompetent zu entscheiden, zu welchem Typus er gehört. Somit haben Menschen eine Schlüsselrolle in diesem Prozess. Solch eine Selbstidentifizierung kann zum einen dadurch erfolgen, dass man sich die Beschreibungen aller 16 Persönlichkeitstypen durchliest und schrittweise die Auswahl einengt. Zum anderen kann man aber auch den schnelleren Weg wählen und den Persönlichkeitstest ID16™© ausfüllen. Auch in diesem Falle spielt der „Nutzer einer Persönlichkeit" die Schlüsselrolle, denn das Ergebnis des Tests hängt einzig und allein von seinen Antworten ab.

Die Identifizierung soll dabei helfen, sich selbst und andere zu verstehen, wenngleich sie keinesfalls als Orakel für die Zukunft angesehen werden sollte. Der Persönlichkeitstyp sollte zudem nie unsere Schwächen oder schlechte Beziehungen zu anderen Menschen rechtfertigen (obwohl er helfen sollte, die Gründe hierfür zu verstehen)!

Im Rahmen von ID16™© wird die Persönlichkeit nie als statisch, genetisch determinierter Zustand verstanden, sondern als Resultante angeborener und erworbener Eigenschaften. Solch eine Perspektive vernachlässigt nicht den freien Willen und kategorisiert nicht. Sie eröffnet viel mehr neue Perspektiven und regt zur Arbeit an sich selbst an, indem sie Bereiche aufzeigt, in denen dies am meisten benötigt wird.

Persönlichkeitstest ID16™©

Der Persönlichkeitstest ID16™© stellt eine Zusammenstellung von 84 Fragen zu Ihren Reaktionen und Verhaltensweisen in normalen Alltagssituationen dar. Die Antworten auf diese Fragen erlauben es, Ihren Persönlichkeitstyp festzustellen.

Wichtige Informationen:

- Der Test besteht aus drei Teilen. Jeder dieser Teile enthält 28 Fragen bzgl. persönlicher Präferenzen oder Verhaltensweisen. Die Fragen bestehen aus Sätzen, die zu Ende geführt werden müssen, indem eine der beiden Optionen gewählt wird.

- Ziel des Tests ist die Bestimmung Ihres Persönlichkeitstyps, nicht aber der Intelligenz, des Wissens oder etwaiger Fähigkeiten. Das Ergebnis hat keinen bewertenden Charakter! Es gibt weder richtige noch falsche Antworten, weswegen Sie nicht versuchen sollten, die „richtigen" Antworten zu suchen und zu wählen. Jeder der 16 Persönlichkeitstypen ist anders, hat aber dennoch den gleichen Wert. Keiner ist besser oder schlechter als der Rest.

- Wählen Sie die einzelnen Antworten gemäß Ihrer *Verhaltensweisen* in den entsprechenden Situationen, nicht aber so, wie Sie sich gerne *verhalten würden* oder wie man sich (Ihrer Meinung nach) *verhalten sollte*. Falls Sie noch nie in einer Situation dieser Art waren, versuchen Sie sich vorzustellen, was Ihre natürliche Reaktion in dieser Situation wäre. Wenn eine Frage Ihre Präferenzen betrifft, antworten Sie wahrheitsgetreu. Lassen Sie sich hierbei nicht von dem Gedanken beeinflussen, was richtig oder von der Allgemeinheit gewünscht wäre.

- *Jede Frage* sollte beantwortet werden. Falls Sie sich mit keiner der Antworten identifizieren können, markieren Sie die Antwort, die Ihnen näher liegt.

- Die Zeit für den Test ist unbestimmt, weswegen Sie sich nicht beeilen müssen.

Denken Sie aber nicht zu lange über die Antworten nach.

- Nach jeder Antwort finden Sie in den Klammern einen der folgenden Buchstaben: E, I, S, N, T, F, J oder P. Beim Ausfüllen des Tests sollten Sie sich diese Buchstaben auf einem Zettel aufschreiben und sie am Ende zusammenzählen, wie oft sie die jeweiligen Buchstaben gewählt haben. Ihr Ergebnis könnte dann folgendermaßen aussehen:
  - E – 18
  - I – 3
  - S – 7
  - N – 14
  - T – 4
  - F – 17
  - J – 0
  - P – 21

Weitere Hinweise und Tipps finden Sie am Ende des Tests.

Teil 1/3

1. Ich denke oft über den Sinn des Lebens nach:
    a. Ja [I]
    b. Nein [E]
2. Ich bevorzuge:
    a. geprüfte und erprobte Lösungen [S]
    b. kreative, innovative Ideen [N]
3. Arbeit, die mir gefällt:
    a. im Team [E]
    b. individuell [I]
4. Ich neige dazu:
    a. den Rat anderer anzunehmen [P]
    b. anderen einen Rat zu geben [J]
5. Um mit anderen gute Beziehungen zu pflegen, gebe ich oftmals nach, auch wenn dies für mich nicht vorteilhaft ist:
    a. Ja [F]
    b. Nein [T]
6. Ich erhole mich am besten:
    a. alleine oder im engen Kreis, an einem stillen, ruhigen Ort [I]
    b. inmitten von vielen Menschen, an Orten, wo immer was los ist [E]
7. Es kommt oft vor, dass ich meine Arbeit vor dem geplanten Termin beende oder sogar mehr mache als nötig:
    a. Ja [J]
    b. Nein [P]

8. Die folgende Aussage trifft eher auf mich zu:
    a. Ich mag es, meinen Tag zu planen und mag keine plötzlichen und unerwarteten Planänderungen [J]
    b. Ich mag es nicht, den Tag vorab steif zu verplanen, unerwartete Ereignisse hingegen betrachte ich als interessante Abwechslung [P]
9. Wenn ich unter Bekannten bin, dann spreche ich normalerweise:
    a. mehr als die anderen [E]
    b. weniger als die anderen [I]
10. Ich bevorzuge Autoren, die:
    a. interessante Vergleiche aufstellen und an innovative Ideen anknüpfen [N]
    b. sachlich schreiben und sich auf Fakten konzentrieren [S]
11. Wenn ich ein Problem lösen möchte, dann versuche ich vor allem:
    a. objektiv zu bleiben, sogar auf Kosten der Sympathie anderer Menschen [T]
    b. die Sympathie anderer Menschen zu wahren, sogar auf Kosten der Objektivität [F]

12. Ich bevorzuge es, mich mit:

    a. Aufgaben zu beschäftigen, die von mir bereits ausgeführten Aufgaben ähnlich sind [S]

    b. neuen Aufgaben zu beschäftigen, die ich bislang noch nie gemacht habe [N]

13. Um Angelegenheiten so schnell wie möglich zu erledigen und sie hinter mich zu bringen, handle ich oftmals vorschnell:

    a. Ja [J]

    b. Nein [P]

14. Die folgende Aussage trifft eher auf mich zu:

    a. Ich kann mich über längere Zeit auf eine Sache konzentrieren [I]

    b. Ich lasse mich leicht ablenken und mache oft Pausen während der Arbeit [E]

15. Mich irritieren mehr:

    a. Träumer, die hauptsächlich an die Zukunft denken [S]

    b. Realisten, die nur am „Hier und Jetzt" interessiert sind [N]

16. Ich würde lieber eine Vorlesung besuchen, die von einem Dozenten geleitet wird, der:

    a. reserviert, gelegentlich unhöflich, dafür aber sehr logisch ist und Wissen geordnet vermittelt [T]

    b. zerstreut ist, Wissen auf etwas chaotische Weise vermittelt, dafür aber sehr sympathisch und herzlich ist [F]

17. Wenn ich etwas zu einem bestimmten Termin machen soll, dann ist es für gewöhnlich so, dass:

    a. ich versuche, die Arbeit so schnell wie möglich zu beenden, um mich mit angenehmeren Dingen zu beschäftigen [J]

    b. ich mich erst mit angenehmeren Dingen beschäftige und mich dann an die Arbeit mache, wenn der Termin naht [P]

18. Ich bin der Ansicht, dass:

    a. eine objektive und berechtigte Kritik in den meisten Fällen erwünscht ist, da sie Menschen hilft, ihre Fehler und Vergehen zu erkennen [T]

    b. Kritik, auch wenn sie objektiv und berechtigt ist, oftmals mehr Leid als Gutes bewirkt, da sie zwischenmenschliche Beziehungen zerstört [F]

19. Ich mag es, Termine zukünftiger Treffen, Reisen oder Angelegenheiten aufzuschreiben:

    a. Ja [J]
    b. Nein [P]

20. Ich denke oft darüber nach, ob hinter den Aussagen anderer Menschen sich keine an mich gerichteten Anspielungen oder Bemerkungen verbergen:

    a. Ja [F]
    b. Nein [T]

21. Wenn ich meine Ersparnisse investiere, dann bevorzuge ich:

    a. einen zeitlich versetzten, dafür höheren Gewinn [N]
    b. einen niedrigen, dafür schnellen Gewinn [S]

22. Ich bevorzuge es:

    a. neue Sachen zu lernen [N]
    b. meine bisherigen Fähigkeiten zu verfeinern [S]

23. Mich stören Menschen mehr, die:

    a. schlechte Organisatoren sind und keine Ordnung halten können [J]
    b. kaum flexibel sind und sich nur schlecht an neue Situationen anpassen können [P

24. Als die schlechtere Eigenschaft betrachte ich:
    a. ungerechte Behandlung anderer Menschen [T]
    b. mangelndes Verständnis für Menschen, die sich in einer schwierigen Lebenssituation befinden [F]
25. Ich bedaure öfters, dass ich:
    a. zu viel gesagt habe [E]
    b. zu wenig gesagt habe [I]
26. Wenn ich eine Aufgabe erledige, dann:
    a. teile ich sie in kleinere Stücke auf und arbeite an ihnen regelmäßig, um so Schritt für Schritt voranzukommen [S]
    b. habe ich Kreativschübe und Momente intensiver Arbeit, dank denen ich vorankomme [N]
27. Ich denke öfter darüber nach, wieso Menschen:
    a. nicht an andere denken [F]
    b. nicht rational vorgehen [T]
28. Ich vertrage nur schlecht:
    a. Lärm, Durcheinander, die Anwesenheit vieler Menschen [I]
    b. Stille, Langeweile und Einsamkeit [E]

Teil 2/3

1. Ich verspüre größeren psychischen Komfort, wenn:
    a. ich noch keine endgültige Entscheidung getroffen habe und noch Handlungsspielraum habe [P]
    b. ich die endgültige Entscheidung getroffen habe und die Angelegenheit abgeschlossen ist [J]
2. Wenn ich mit irgendeiner Arbeit beginne:
    a. bereite ich oftmals einen Plan vor bzw. schreibe auf, was zu tun ist [J]
    b. verschwende ich gewöhnlich keine Zeit für die Vorbereitung eines Planes – ich beginne sofort mit der Arbeit [P]
3. Normalerweise bin ich einer der ersten, die andere anrufen, um sie in schwierigen Lebenssituationen zu trösten:
    a. Ja [F]
    b. Nein [T]
4. Wenn ich die Bedienung eines neuen Geräts kennenlernen möchte, dann:
    a. lese ich die Gebrauchsanleitung genau durch und versuche es dann anzuschalten [S]
    b. schaue ich mir das Gerät an und versuche es anzuschalten und nehme nur dann die Gebrauchsanleitung zur Hilfe, wenn ich Probleme habe [N]

5. Eine größere Genugtuung nach der Erledigung einer Aufgabe bereitet mir:
   a. das Bewusstsein, dass ich sehr gut gearbeitet habe [T]
   b. Lob und Anerkennung von anderen Menschen zu erhalten [F]
6. Ich erzähle oft anderen Menschen über meine Erlebnisse:
   a. Ja [E]
   b. Nein [I]
7. Normalerweise handle ich:
   a. impulsiv [P]
   b. durchdacht [J]
8. Wenn ich mit anderen Menschen in einem Team zusammenarbeite, dann würde ich bevorzugen:
   a. dass es zu kleinen Spannungen und Konflikten kommt, dafür aber klare und verständliche Regeln gelten [T]
   b. dass es keine klaren Regeln gibt, dafür aber eine freundliche und herzliche Atmosphäre herrscht [F]
9. Ich denke oft darüber nach, was die Zukunft mit sich bringt:
   a. Ja [N]
   b. Nein [S]
10. Ich bevorzuge Aufgaben, die:
   a. selbstständiger Arbeit bedürfen [I]
   b. Kontakt mit Menschen erfordern [E]

11. Ich mag Fernsehsendungen, die:
    a. originelle Theorien vorstellen und die Phantasie anregen [N]
    b. einen beratenden Charakter haben und Tipps für die praktische Anwendung beinhalten [S]

12. Wenn ich Reportagen über Menschen sehe, denen ein Unglück widerfahren ist, dann ergreift mich das oftmals:
    a. Ja [F]
    b. Nein [T]

13. Es passiert mir oft, dass ich andere unterbreche oder ihnen ins Wort falle:
    a. Ja [E]
    b. Nein [I]

14. Ich bevorzuge Menschen, die in ihrem Handeln sich:
    a. nach ihrer inneren Überzeugung und dem Mitgefühl anderen gegenüber richten [F]
    b. nach logischen Grundsätzen und einer objektiven Analyse der jeweiligen Situation richten [T]

15. Ich mag es:
    a. eine Hauptrolle zu spielen [E]
    b. im Hintergrund zu agieren [I]

16. Es passiert öfter, dass:
    a. ich mich für die Meinung und die Ansichten anderer Menschen interessiere [P]
    b. anderen meine Meinung und meine Ansichten mitteile [J]

17. Ich halte es für die schlechtere Eigen-
    schaft:
    a. zu kritisch zu sein [F]
    b. zu viel Nachsicht zu zeigen [T]
18. Wenn ich eine größere Aufgabe erhalte,
    dann würde ich lieber:
    a. eine konkrete Anweisung bekom-
        men, die erläutert, wie sie auszu-
        führen ist [S]
    b. die Möglichkeit haben, sie nach
        meinen Vorstellungen zu realisie-
        ren [N]
19. Wenn ich mit anderen ein Problem be-
    spreche, das gelöst werden muss, dann:
    a. mache ich mir zunächst Gedan-
        ken über das Problem und er-
        greife dann das Wort, wenn ich
        bereits eine Idee habe [I]
    b. ergreife ich spontan das Wort und
        im Verlauf des Gesprächs tauchen
        neue Ideen in meinem Kopf auf
        [E]
20. Bei der Lösung eines Konflikts kommt es
    vor allem darauf an:
    a. die Situation zu mildern und zu ei-
        nem Kompromiss zu gelangen [F]
    b. zu klären, welche Seite Recht
        hatte und welche im Irrtum lag
        [T]

21. Ich würde lieber eine Aufgabe erledigen, bei der:

    a. meine Phantasie und meine Vorsehungsgabe gefragt sind [N]

    b. zahlreiche detaillierte Prozeduren beachtet werden müssen [S]

22. Wenn ich gefragt werde, dann:

    a. antworte ich für gewöhnlich sofort [E]

    b. brauche ich einen kurzen Augenblick, um nachzudenken [I]

23. Es kommt oft vor, dass ich Angelegenheiten aufschreibe, die ich am jeweiligen Tag erledigen muss:

    a. Ja [J]

    b. Nein [P]

24. Wenn ich ein Problem löse, dann bin ich imstande:

    a. den breiteren Kontext der jeweiligen Angelegenheit zu erkennen und ihre Konsequenzen vorherzusehen [N]

    b. mich auf alle Details des jeweiligen Problems zu konzentrieren [S]

25. Wenn ich eine Aufgabe zu erledigen habe, dann:

    a. zögere ich den Abschluss der Arbeit hinaus, um evtl. noch Veränderungen vornehmen zu können [P]

    b. versuche ich, die Aufgabe so schnell wie möglich zu erledigen, um die Sache abzuschließen [J]

26. Ich würde lieber mit Menschen arbeiten, die:
    a. praktisch und gründlich sind [S]
    b. kreativ und einfallsreich sind [N]
27. Meine Stimmung und mein emotionaler Zustand sind meistens:
    a. schwer zu erkennen [I]
    b. einfach zu erkennen [E]
28. Einige Menschen würden über mich sagen, dass:
    a. ich unordentlich bin [P]
    b. ich wenig flexibel bin [J]

Teil 3/3

1. Ich bewundere Menschen mehr, die:
    a. die Fähigkeit haben, logisch zu denken [T]
    b. sich in die Lage anderer versetzen können [F]
2. Ich mag:
    a. ein Leben voller Veränderungen und Überraschungen [P]
    b. ein geordnetes Leben, in dem alles laut Plan geschieht [J]
3. Wenn ich in einer großen Gruppe von Menschen bin, dann unterhalte ich mich für gewöhnlich:
    a. mit einigen Menschen, vor allem jenen, die ich bereits kenne [I]
    b. mit vielen Menschen, auch mit Unbekannten [E]

4. Mich würde ein Treffen mit einem Menschen mehr langweilen, der:

    a. viele detaillierte Informationen vermittelt und zahlreiche praktische Fragen stellt [N]

    b. über allgemeine Visionen neuer Lösungen sinniert, ohne jegliche Einzelheiten [S]

5. Eine Entscheidung ist schlimmer, wenn:

    a. sie unlogisch ist [T]

    b. sie vielen Menschen Leid zufügt [F]

6. Wenn ich im Urlaub bin, dann plane ich oft, was ich am nächsten Tag machen werde:

    a. Ja [J]

    b. Nein [P]

7. Ich würde es vorziehen, Lob dafür zu bekommen, dass:

    a. man mit mir nett Zeit verbringen kann [F]

    b. ich die richtigen Entscheidungen fällen kann [T]

8. Ich bevorzuge es:

    a. einsame Spaziergänge zu machen [I]

    b. neue Menschen kennenzulernen [E]

9. Andere würden sagen, dass:

    a. ich auf geplante Weise vorgehe [J]

    b. ich spontan agiere [P]

10. Wenn ich einen neuen Job suche, dann achte ich vor allem:
    a. auf die allgemeinen Arbeitsbedingungen [S]
    b. auf das zukünftige Potenzial der jeweiligen Stelle [N]

11. Zu mir passt folgende Beschreibung besser:
    a. Ich schaffe es oftmals nicht, mich zeitlich vorzubereiten und rette mich mit Improvisation [P]
    b. Ich bin normalerweise gut vorbereitet und muss nicht improvisieren [J]

12. Die Gesellschaft anderer Menschen:
    a. erschöpft mich für gewöhnlich [I]
    b. gibt mir gewöhnlich Kraft [E]

13. Wenn ich einen Mitarbeiter suchen würde, dann würde ich vor allem darauf achten, ob:
    a. unsere Charaktere zueinanderpassen und wir in Harmonie zusammenarbeiten können [F]
    b. die jeweilige Person über die nötigen Qualifikationen und Fähigkeiten verfügt, um die ihr gestellten Aufgaben auszuüben [T]

14. Andere würden sagen, dass ich:
    a. praktisch veranlagt bin [S]
    b. einfallsreich bin [N]

15. Zu mir passt folgende Beschreibung besser:

   a. Ich verspäte mich oft zu Verabredungen [P]

   b. Zu Verabredungen komme ich
   normalerweise pünktlich oder
   noch vor der Zeit [J]

16. Wenn ich im Mittelpunkt der Aufmerksamkeit stehe, dann fühle ich mich un-
wohl:

   a. Ja [I]

   b. Nein [E]

17. Wenn ich von Problemen anderer Menschen höre, dann:

   a. denke ich oft darüber nach, worin
   die objektive Ursache liegt und ob
   sie nicht selbst Teilschuld tragen
   [T]

   b. verspüre ich für gewöhnlich ehrli-
   ches Mitgefühl und überlege, wie
   ich ihnen helfen könnte [F]

18. Andere Menschen würden von mir sagen,
dass ich zurückhaltend bin und selten
Emotionen zeige:

   a. Ja [I]

   b. Nein [E]

19. Ich interessiere mich mehr für:

   a. konkrete Verhaltensweisen von
   Menschen und Ereignisse [S]

   b. allgemeine Regeln, die menschli-
   ches Verhalten und Ereignisse be-
   stimmen [N]

20. Wenn man Kritik an anderen Menschen ausübt, dann sollte man vor allem:
    a. objektiv bleiben [T]
    b. aufpassen, dass man dabei niemanden verletzt [F]

21. Ein angenehmes Wochenende verbringe ich:
    a. zu Hause mit einem guten Buch oder einem Film [I]
    b. mit Freunden bei einem geselligen Treffen oder einer gemeinsamen Party [E]

22. Festgelegte Prozeduren, Instruktionen und Regeln:
    a. sind für gewöhnlich eine praktische Hilfe und erleichtern die Arbeit [S]
    b. schränken oftmals kreative Ideen ein und erschweren die Arbeit [N]

23. Wenn ich mehr Zeit für die Sammlung von Informationen oder Überlegungen benötige, zögere ich meine Entscheidung oft hinaus:
    a. Ja [P]
    b. Nein [J]

24. Wenn ich von einem außerordentlichen Vorhaben höre, dann:
    a. fasziniert mich die Idee selbst [N]
    b. interessiert mich die Art und Weise, wie es realisiert wird [S]

25. Zu mir passt die folgende Beschreibung besser:
   a. Ich kritisiere andere Menschen nicht gerne und wenn ich es machen muss, dann sehr dezent [F]
   b. Ich bin direkt und wenn mir etwas nicht gefällt, dann sage ich es [T]

26. Mehr Freude macht mir:
   a. die Fertigstellung einer Aufgabe [J]
   b. der Beginn der Arbeit an einer neuen Aufgabe [P]

27. Ich würde lieber:
   a. eigenständig oder mit zwei mir nahestehenden Kollegen arbeiten [I]
   b. in einem neuen 10-köpfigen Team arbeiten [E]

28. Wenn ich Formulare oder Umfragen ausfülle, dann prüfe ich für gewöhnlich am Ende, ob ich alle Daten oder Antworten korrekt angegeben habe:
   a. Ja [S]
   b. Nein [N]

Das ist auch schon das Ende des Tests. Nun zur Interpretation der Ergebnisse!

Schritt 1

Prüfen Sie, wie oft Sie den jeweiligen Buchstaben hinter einer Antwort gewählt haben: E, I, S, N, T, F, J oder P.

Ihr Ergebnis kann folgendermaßen aussehen:

- E — 18
- I — 3
- S — 7
- N — 14
- T — 4
- F — 17
- J — 0
- P — 21

Schritt 2

Für jedes der folgenden Buchstabenpaare notieren Sie sich bitte, welchen Buchstaben Sie öfter gewählt haben:

- Paar 1: **E** oder **I**,
- Paar 2: **S** oder **N**,
- Paar 3: **T** oder **F**,
- Paar 4: **J** oder **P**.

Ihr Ergebnis wird die Form eines Codes mit vier Buchstaben haben (z.B. **ENFP**).

Die größere Zahl in dem jeweiligen Paar bedeutet die dominierende Veranlagung für die jeweilige Dimension der Persönlichkeit:

- Quelle der Lebensenergie: **E** (äußere Welt) oder **I** (innere Welt).

- Informationsaufnahme: **S** (Sinne) oder **N** (Intuition).
- Art und Weise wie Entscheidungen getroffen werden: **T** (Verstand) oder **F** (Herz).
- Lebensstil: **J** (organisiert) oder **P** (spontan).

Schritt 3

Suchen Sie nun in der Liste Ihren Code und prüfen Sie, wer Sie sind:

- ENFJ = Berater   S. 41
- ENFP = Enthusiast   S. 46
- ENTJ = Direktor   S. 45
- ENTP = Reformer   S. 58
- ESFJ = Anwalt   S. 40
- ESFP = Moderator   S. 55
- ESTJ = Verwalter   S. 61
- ESTP = Animateur   S. 38
- INFJ = Mentor   S. 54
- INFP = Idealist   S. 48
- INTJ = Stratege   S. 60
- INTP = Logiker   S. 52
- ISFJ = Betreuer   S. 43
- ISFP = Künstler   S. 51
- ISTJ = Inspektor   S. 49
- ISTP = Praktiker   S. 57

Die 16 Persönlichkeits-
typen im Überblick

Der Animateur (ESTP)

Lebensmotto: *Lasst uns etwas unternehmen!*

Energisch, aktiv und unternehmerisch. Sie mögen die Gesellschaft anderer Menschen und sind imstande, den Augenblick zu genießen. Spontan, flexibel und offen für Veränderungen.

Enthusiastische Anreger und Initiatoren, die andere zum Handeln motivieren. Logisch, rational und überaus pragmatisch. *Animateure* sind Realisten, die abstrakte Ideen und die Zukunft betreffende Erwägungen ermüdend finden. Sie konzentrieren sich viel mehr auf konkrete Lösungen von aktuellen Problemen. Sie haben manchmal Schwierigkeiten bei der Organisation und Planung, denn sie neigen zu impulsiven Handlungen, weswegen es passieren kann, dass sie erst handeln und dann nachdenken.

Natürliche Veranlagungen des *Animateurs*

- Die Quelle seiner Lebensenergie: seine äußere Welt.
- Informationsaufnahme: Sinne.
- Art und Weise wie Entscheidungen getroffen werden: Verstand.
- Lebensstil: spontan.

Ähnliche Persönlichkeitstypen

- *Verwalter*
- *Praktiker*
- *Inspektor*

Statistische Angaben

- *Animateure* stellen ca. 6-10 % der Gesellschaft dar.
- Unter *Animateuren* überwiegen Männer (60 %).
- Das Land, welches dem Profil des *Animateurs* entspricht, ist Australien.[1]

---

[1] Dies bedeutet nicht, dass alle Einwohner von Australien zu dieser Gruppe gehören, wenngleich die australische Gesellschaft – als Ganzes – viele charakteristische Eigenschaften des *Animateurs* verkörpert.

Buchstaben-Code

Der universelle Code des *Animateurs* ist in den Jungschen Persönlichkeitstypologien ESTP.

Mehr:

Jarosław Jankowski
Ihr Persönlichkeitstyp: Animateur (ESTP)

Der Anwalt (ESFJ)

Lebensmotto: *Wie kann ich dir helfen?*

Enthusiastisch, energisch und gut organisiert. Praktisch, verantwortungsbewusst und gewissenhaft. Darüber hinaus herzlich und überaus gesellig.

Anwälte erkennen menschliche Stimmungen, Emotionen und Bedürfnisse. Sie schätzen Harmonie und vertragen schlecht Kritik oder Konflikte. Sie sind sehr sensibel in Bezug auf Ungerechtigkeiten sowie das Leid anderer Menschen. Sie interessieren sich aufrichtig für die Probleme anderer und sind glücklich, wenn sie ihnen helfen können. Indem sie sich um die Bedürfnisse anderer kümmern, vernachlässigen sie oftmals ihre eigenen. *Anwälte* neigen dazu, anderen auszuhelfen. Sie sind anfällig für Manipulationen.

Natürliche Veranlagungen des *Anwalts*

- Die Quelle seiner Lebensenergie: seine äußere Welt.
- Informationsaufnahme: Sinne.

- Art und Weise wie Entscheidungen getroffen werden: Herz.
- Lebensstil: organisiert.

Ähnliche Persönlichkeitstypen

- *Moderator*
- *Betreuer*
- *Künstler*

Statistische Angaben

- *Anwälte* stellen ca. 10-13 % der Gesellschaft dar.
- Unter *Anwälten* überwiegen Frauen (70 %).
- Das Land, welches dem Profil des *Anwalts* entspricht, ist Kanada.

Buchstaben-Code

Der universelle Code des *Anwalts* ist in den Jungschen Persönlichkeitstypologien ESFJ.

Mehr:

Jarosław Jankowski
Ihr Persönlichkeitstyp: Anwalt (ESFJ)

Der Berater (ENFJ)

Lebensmotto: *Meine Freunde sind meine Welt.*

Optimistisch, enthusiastisch und scharfsinnig. Höflich und taktvoll. Sie verfügen über ein unglaubliches Empathievermögen, wodurch es sie glücklich stimmt, durch selbstloses Handeln anderen Menschen Gutes zu tun. *Berater* vermögen es, Einfluss auf das Leben anderer zu nehmen – sie inspirieren, entdecken in ihnen verstecktes Potenzial und verleihen ihnen Glauben an das eigene Können. *Berater* strahlen Wärme aus, weswegen sie andere Menschen anziehen. Sie helfen ihnen oftmals, persönliche Probleme zu lösen.

Doch *Berater* neigen dazu, gutgläubig zu sein und die Welt durch eine rosarote Brille zu betrachten. Da sie ständig auf andere Menschen fixiert sind, vergessen sie oftmals ihre eigenen Bedürfnisse.

Natürliche Veranlagungen des *Beraters*

- Die Quelle seiner Lebensenergie: seine äußere Welt.
- Informationsaufnahme: Intuition.
- Art und Weise wie Entscheidungen getroffen werden: Herz.
- Lebensstil: organisiert.

Ähnliche Persönlichkeitstypen

- *Enthusiast*
- *Mentor*
- *Idealist*

Statistische Angaben

- *Berater* stellen ca. 3-5 % der Gesellschaft dar.
- Unter *Beratern* überwiegen Frauen (80 %).

- Das Land, welches dem Profil des *Beraters* entspricht, ist Frankreich.

Buchstaben-Code

Der universelle Code des *Beraters* ist in den Jungschen Persönlichkeitstypologien ENFJ.

Mehr:

Jarosław Jankowski
Ihr Persönlichkeitstyp: Berater (ENFJ)

Der Betreuer (ISFJ)

Lebensmotto: *Mir liegt viel an deinem Glück.*

Herzlich, bescheiden, vertrauenswürdig und überaus loyal. An erster Stelle stehen für *Betreuer* andere Menschen. Sie erkennen ihre Bedürfnisse und möchten ihnen helfen. Sie sind praktisch, gut organisiert und verantwortungsbewusst. Ferner zeichnen sie sich durch Geduld, Fleiß und Ausdauer aus. Sie führen ihre Pläne zu Ende.

Betreuer bemerken und prägen sich Details ein. Sie schätzen Ruhe, Stabilität und freundschaftliche Beziehungen zu anderen Menschen. Darüber hinaus vermögen sie es, Brücken zwischen Menschen zu bauen. Sie vertragen nur schlecht Kritik und Konflikte. *Betreuer* verfügen über ein starkes Pflichtbewusstsein und sind stets bereit anderen zu helfen. Manchmal werden sie von anderen ausgenutzt.

Natürliche Veranlagungen des *Betreuers*

- Die Quelle seiner Lebensenergie: sein Inneres.
- Informationsaufnahme: Sinne.
- Art und Weise wie Entscheidungen getroffen werden: Herz.
- Lebensstil: organisiert.

Ähnliche Persönlichkeitstypen

- *Künstler*
- *Anwalt*
- *Moderator*

Statistische Angaben

- *Betreuer* stellen ca. 8-12 % der Gesellschaft dar.
- Unter *Betreuern* überwiegen Frauen (70 %).
- Das Land, welches dem Profil des *Betreuers* entspricht, ist Schweden.

Buchstaben-Code

Der universelle Code des *Betreuers* ist in den Jungschen Persönlichkeitstypologien ISFJ.

Mehr:

Jarosław Jankowski
Ihr Persönlichkeitstyp: Betreuer (ISFJ)

Der Direktor (ENTJ)

Lebensmotto: *Ich sage euch, was zu tun ist!*

Unabhängig, aktiv und entschieden. Rational, logisch und kreativ. *Direktoren* betrachten analysierte Probleme in einem breiteren Kontext und sind imstande, die Konsequenzen von menschlichem Verhalten vorherzusehen. Sie zeichnen sich durch Optimismus und eine gesunde Selbstsicherheit aus. Sie können theoretische Konzepte in konkrete, praktische Pläne umwandeln.

Visionäre, Mentoren und Organisatoren. *Direktoren* verfügen über natürliche Führungsqualitäten. Ihre starke Persönlichkeit, ihr kritisches Urteilsvermögen sowie ihre Direktheit verunsichern andere Menschen häufig und führen zu Problemen bei zwischenmenschlichen Beziehungen.

Natürliche Veranlagungen des *Direktors*

- Die Quelle seiner Lebensenergie: seine äußere Welt.
- Informationsaufnahme: Intuition.
- Art und Weise wie Entscheidungen getroffen werden: Verstand.
- Lebensstil: organisiert.

Ähnliche Persönlichkeitstypen

- *Reformer*
- *Stratege*
- *Logiker*

Statistische Angaben

- *Direktoren* stellen ca. 2-5 % der Gesellschaft dar.
- Unter *Direktoren* überwiegen Männer (70 %).
- Das Land, welches dem Profil des *Direktors* entspricht, sind die Niederlande.

Buchstaben-Code

Der universelle Code des *Direktors* ist in den Jungschen Persönlichkeitstypologien ENTJ.

Mehr:

Jarosław Jankowski
Ihr Persönlichkeitstyp: Direktor (ENTJ)

Der Enthusiast (ENFP)

Lebensmotto: *Wir schaffen das!*

Energisch, enthusiastisch und optimistisch. Sie sind lebensfreudig und sind mit den Gedanken in der Zukunft. Dynamisch, scharfsinnig und kreativ. *Enthusiasten* mögen Menschen und schätzen ehrliche und authentische Beziehungen. Sie sind herzlich und emotional. *Enthusiasten* können aber schlecht mit Kritik umgehen. Sie verfügen über Empathie und erkennen die Bedürfnisse, Emotionen und Motive anderer Menschen. Sie inspirieren und stecken andere mit ihrem Enthusiasmus an.

Enthusiasten mögen es, im Zentrum der Aufmerksamkeit zu sein. Sie sind flexibel und vermögen es, zu improvisieren. Sie neigen zu idealistischen Ideen. *Enthusiasten* lassen sich einfach ablenken und haben Probleme damit, viele Angelegenheiten zu Ende zu bringen.

Natürliche Veranlagungen des *Enthusiasten*

- Die Quelle seiner Lebensenergie: seine äußere Welt.
- Informationsaufnahme: Intuition.
- Art und Weise wie Entscheidungen getroffen werden: Herz.
- Lebensstil: spontan.

Ähnliche Persönlichkeitstypen

- *Berater*
- *Idealist*
- *Mentor*

Statistische Angaben

- *Enthusiasten* stellen ca. 5-8 % der Gesellschaft dar.
- Unter *Enthusiasten* überwiegen Frauen (60 %).
- Das Land, welches dem Profil des *Enthusiasten* entspricht, ist Italien.

Buchstaben-Code

Der universelle Code des *Enthusiasten* ist in den Jungschen Persönlichkeitstypologien ENFP.

Mehr:

Jarosław Jankowski
Ihr Persönlichkeitstyp: Enthusiast (ENFP)

Der Idealist (INFP)

Lebensmotto: *Man kann anders leben.*

Sensibel, loyal und kreativ. Sie möchten im Einklang mit ihren Werten leben. *Idealisten* interessieren sich für die spirituelle Wirklichkeit und gehen den Geheimnissen des Lebens nach. Sie nehmen sich die Probleme der Welt zu Herzen und stehen Bedürfnissen anderer Menschen offen gegenüber. *Idealisten* schätzen Harmonie und Ausgeglichenheit.

Sie sind romantisch und dazu fähig, ihre Liebe zu anderen zu äußern, wobei sie selbst auch Wärme und Zärtlichkeit brauchen. Sie vermögen es, Motive und Gefühle anderer Menschen hervorragend zu erkennen. *Idealisten* bauen gesunde, tiefgründige und dauerhafte Beziehungen auf. In Konfliktsituationen verlieren sie den Boden unter den Füßen. Sie können Kritik und Stress nicht vertragen.

Natürliche Veranlagungen des *Idealisten*

- Die Quelle seiner Lebensenergie: seine innere Welt.
- Informationsaufnahme: Intuition.
- Art und Weise wie Entscheidungen getroffen werden: Herz.
- Lebensstil: spontan.

Ähnliche Persönlichkeitstypen

- *Mentor*
- *Enthusiast*
- *Berater*

Statistische Angaben

- *Idealisten* stellen ca. 1-4 % der Gesellschaft dar.
- Unter *Idealisten* überwiegen Frauen (60 %).
- Das Land, welches dem Profil des *Idealisten* entspricht, ist Thailand.

Buchstaben-Code

Der universelle Code des *Idealisten* ist in den Jungschen Persönlichkeitstypologien INFP.

Mehr:

Jarosław Jankowski
Ihr Persönlichkeitstyp: Idealist (INFP)

Der Inspektor (ISTJ)

Lebensmotto: *Die Pflicht geht vor.*

Menschen, auf die man sich immer verlassen kann. Wohlerzogen, pünktlich, zuverlässig, gewissenhaft, verantwortungsbewusst – die Zuverlässigkeit in Person. Analytisch, methodisch, systematisch und logisch. *Inspektoren* werden als beherrschte, kühle und ernsthafte Menschen angesehen. Sie schätzen Ruhe, Stabilität und Ordnung. *Inspektoren* mögen keine Veränderungen, dafür aber klare und konkrete Regeln.

Sie sind arbeitsam und ausdauernd, weswegen sie Angelegenheiten zu Ende bringen können. Es sind Perfektionisten, die über alles die Kontrolle haben möchten. Sie äußern sparsam Lob und sind nicht imstande, der Wichtigkeit der Gefühle und Emotionen anderer Menschen die gebürtige Beachtung zu schenken.

Natürliche Veranlagungen des *Inspektors*

- Die Quelle seiner Lebensenergie: seine innere Welt.
- Informationsaufnahme: Sinne.
- Art und Weise wie Entscheidungen getroffen werden: Verstand.
- Lebensstil: organisiert.

Ähnliche Persönlichkeitstypen

- *Praktiker*
- *Verwalter*
- *Animateur*

Statistische Angaben

- *Inspektoren* stellen ca. 6-10 % der Gesellschaft dar.
- Unter *Inspektoren* überwiegen Männer (60 %).
- Das Land, welches dem Profil des *Inspektors* entspricht, ist die Schweiz.

Buchstaben-Code

Der universelle Code des *Inspektors* ist in den Jungschen Persönlichkeitstypologien ISTJ.

Mehr:

Jarosław Jankowski
Ihr Persönlichkeitstyp: Inspektor (ISTJ)

Der Künstler (ISFP)

Lebensmotto: *Lasst uns etwas erschaffen!*

Sensibel, kreativ und originell. Sie haben ein Gefühl für Ästhetik und angeborene künstlerische Fähigkeiten. Unabhängig – *Künstler* agieren nach ihrem eigenen Wertesystem und ordnen sich keinerlei Druck von außen unter. Sie sind optimistisch und verfügen über eine positive Lebenseinstellung, weswegen sie jeden Augenblick genießen können.

Sie sind glücklich, wenn sie anderen helfen können. Abstrakte Theorien langweilen sie, denn *Künstler* ziehen es vor, die Realität zu erschaffen und nicht über sie zu sprechen. Es fällt ihnen jedoch weitaus leichter, neue Pläne zu realisieren, als bereits begonnene abzuschließen. Sie haben Schwierigkeiten, ihre eigenen Bedürfnisse und Wünsche zu äußern.

Natürliche Veranlagungen des *Künstlers*

- Die Quelle seiner Lebensenergie: seine innere Welt.
- Informationsaufnahme: Sinne.
- Art und Weise wie Entscheidungen getroffen werden: Herz.
- Lebensstil: spontan.

Ähnliche Persönlichkeitstypen

- *Betreuer*
- *Moderator*
- *Anwalt*

Statistische Angaben

- *Künstler* stellen ca. 6-9 % der Gesellschaft dar.
- Unter *Künstlern* überwiegen Frauen (60 %).
- Das Land, welches dem Profil des *Künstlers* entspricht, ist China.

Buchstaben-Code

Der universelle Code des *Künstlers* ist in den Jungschen Persönlichkeitstypologien ISFP.

Mehr:

Jarosław Jankowski
Ihr Persönlichkeitstyp: Künstler (ISFP)

Der Logiker (INTP)

Lebensmotto: *Man muss vor allem die Wahrheit über die Welt kennenlernen.*

Originell, einfallsreich und kreativ. *Logiker* mögen es, theoretische Probleme zu lösen. Sie sind analytisch, scharfsinnig und begegnen neuen Ideen mit Begeisterung. *Logiker* vermögen es, einzelne Phänomene zu verbinden und mithilfe von ihnen allgemeine Regeln und Theorien aufzustellen. Sie agieren logisch, präzise und tiefgründig. Unklare

Zusammenhänge und Inkonsequenzen werden von ihnen schnell erkannt.

Sie sind unabhängig und skeptisch gegenüber bereits vorliegenden Lösungen sowie Autoritäten. Zugleich sind sie tolerant und offen für neue Herausforderungen. Versunken in Gedanken verlieren sie ab und an den Kontakt zur Außenwelt.

Natürliche Veranlagungen des *Logikers*

- Die Quelle seiner Lebensenergie: seine innere Welt.
- Informationsaufnahme: Intuition.
- Art und Weise wie Entscheidungen getroffen werden: Verstand.
- Lebensstil: spontan.

Ähnliche Persönlichkeitstypen

- *Stratege*
- *Reformer*
- *Direktor*

Statistische Angaben

- *Logiker* stellen ca. 2-3 % der Gesellschaft dar.
- Unter *Logikern* überwiegen Männer (80 %).
- Das Land, welches dem Profil des *Logikers* entspricht, ist Indien.

Buchstaben-Code

Der universelle Code des *Logikers* ist in den Jungschen Persönlichkeitstypologien INTP.

Mehr:

Jarosław Jankowski
Ihr Persönlichkeitstyp: Logiker (INTP)

Der Mentor (INFJ)

Lebensmotto: *Die Welt könnte besser sein!*

Kreativ, sensibel, auf die Zukunft fixiert. *Mentoren* sehen Möglichkeiten, die andere Menschen nicht erkennen. Es sind Idealisten und Visionäre, die sich darauf konzentrieren, Menschen zu helfen. Pflichtbewusst und verantwortungsbewusst, zugleich auch höflich, fürsorglich und freundschaftlich. Sie versuchen, die Mechanismen der Weltordnung zu verstehen und betrachten Probleme aus einer breiten Perspektive.

Hervorragende Zuhörer und Beobachter. Sie zeichnen sich aus durch Empathie, Intuition und Vertrauen in Menschen. *Mentoren* sind imstande, Gefühle und Emotionen zu lesen, können wiederum aber nur schlecht Kritik annehmen und sich in Konfliktsituationen zurechtfinden. Andere können sie gelegentlich als enigmatisch empfinden.

Natürliche Veranlagungen des *Mentors*

- Die Quelle seiner Lebensenergie: seine innere Welt.
- Informationsaufnahme: Intuition.
- Art und Weise wie Entscheidungen getroffen werden: Herz.
- Lebensstil: organisiert.

Ähnliche Persönlichkeitstypen

- *Idealist*
- *Berater*
- *Enthusiast*

Statistische Angaben

- *Mentoren* stellen ca. 1 % der Gesellschaft dar und sind damit der seltenste Persönlichkeitstyp.
- Unter *Mentoren* überwiegen Frauen (80 %).
- Das Land, welches dem Profil des *Logikers* entspricht, ist Norwegen.

Buchstaben-Code

Der universelle Code des *Mentors* ist in den Jungschen Persönlichkeitstypologien INFJ.

Mehr:

Jarosław Jankowski
Ihr Persönlichkeitstyp: Mentor (INFJ)

Der Moderator (ESFP)

Lebensmotto: *Heute ist der richtige Zeitpunkt!*

Optimistisch, energisch und offen gegenüber Menschen. *Moderatoren* sind lebenslustig und haben gerne Spaß. Sie sind praktisch, zugleich aber auch flexibel und spontan. Sie mögen Veränderungen und neue Erfahrungen. Einsamkeit, Stagnation und Routine hingegen vertragen sie eher schlecht. *Moderatoren* mögen es, im Zentrum der Aufmerksamkeit zu stehen.

Sie verfügen über ein natürliches Schauspieltalent und über die Gabe, interessant und packend zu berichten. Indem sie sich auf das Hier und Jetzt konzentrieren verlieren sie manchmal langfristige Ziele aus den Augen. Sie neigen dazu, Konsequenzen ihres Handelns nicht richtig einschätzen zu können.

Natürliche Veranlagungen des *Moderators*

- Die Quelle seiner Lebensenergie: seine äußere Welt.
- Informationsaufnahme: Sinne.
- Art und Weise wie Entscheidungen getroffen werden: Herz.
- Lebensstil: spontan.

Ähnliche Persönlichkeitstypen

- *Anwalt*
- *Künstler*
- *Betreuer*

Statistische Angaben

- *Moderatoren* stellen ca. 8-13 % der Gesellschaft dar.
- Unter *Moderatoren* überwiegen Frauen (60 %).
- Das Land, welches dem Profil des *Moderators* entspricht, ist Brasilien.

Buchstaben-Code

Der universelle Code des *Moderators* ist in den Jungschen Persönlichkeitstypologien ESFP.

Mehr:

Jarosław Jankowski
Ihr Persönlichkeitstyp: Moderator (ESFP)

Der Praktiker (ISTP)

Lebensmotto: *Taten sind wichtiger als Worte.*

Optimistisch, spontan und mit einer positiven Lebenseinstellung. Beherrschte und unabhängige Menschen, die ihren eigenen Überzeugungen treu sind und äußeren Normen und Regeln skeptisch gegenüberstehen. *Praktiker* sind nicht an Theorien oder Überlegungen bzgl. der Zukunft interessiert. Sie ziehen es vor, konkrete und handfeste Probleme zu lösen.

Sie passen sich gut an neue Orte und Situationen an und mögen Herausforderungen und das Risiko. Ferner vermögen sie es, bei Gefahr einen kühlen Kopf zu behalten. Ihre Wortkargheit und extreme Zurückhaltung bei der Äußerung von Meinungen bewirken, dass sie für andere Menschen manchmal unverständlich erscheinen.

Natürliche Veranlagungen des *Praktikers*

- Die Quelle seiner Lebensenergie: seine innere Welt.
- Informationsaufnahme: Sinne.

- Art und Weise wie Entscheidungen getroffen werden: Verstand.
- Lebensstil: spontan.

Ähnliche Persönlichkeitstypen

- *Inspektor*
- *Animateur*
- *Verwalter*

Statistische Angaben

- *Praktiker* stellen ca. 6-9 % der Gesellschaft dar.
- Unter *Praktiker* überwiegen Männer (60 %).
- Das Land, welches dem Profil des *Praktikers* entspricht, ist Singapur.

Buchstaben-Code

Der universelle Code des *Praktikers* ist in den Jungschen Persönlichkeitstypologien ISTP.

Mehr:

Jarosław Jankowski
Ihr Persönlichkeitstyp: Praktiker (ISTP)

Der Reformer (ENTP)

Lebensmotto: *Und wenn man versuchen würde, es anders zu machen?*

Ideenreich, originell und unabhängig. *Reformer* sind Optimisten. Sie sind energisch und unternehmerisch. Wahrhaftige Tatmenschen, die gerne im

Zentrum des Geschehens sind und „unlösbare Probleme" lösen. Sie sind an der Welt interessiert, risikofreudig und ungeduldig. Visionäre, die offen für neue Ideen sind. Sie mögen neue Erfahrungen und Experimente. Ferner erkennen sie die Verbindungen zwischen einzelnen Ereignissen und sind mit ihren Gedanken in der Zukunft.

Spontan, kommunikativ und selbstsicher. *Reformer* neigen dazu, ihre eigenen Fähigkeiten zu überschätzen. Darüber hinaus haben sie Probleme damit, etwas zu Ende zu bringen.

Natürliche Veranlagungen des *Reformers*

- Die Quelle seiner Lebensenergie: seine äußere Welt.
- Informationsaufnahme: Intuition.
- Art und Weise wie Entscheidungen getroffen werden: Verstand.
- Lebensstil: spontan.

Ähnliche Persönlichkeitstypen

- *Direktor*
- *Logiker*
- *Stratege*

Statistische Angaben

- *Reformer* stellen ca. 3-5 % der Gesellschaft dar.
- Unter *Reformern* überwiegen Männer (70 %).
- Das Land, welches dem Profil des *Reformers* entspricht, ist Israel.

Buchstaben-Code

Der universelle Code des *Reformers* ist in den
Jungschen Persönlichkeitstypologien ENTP.

Mehr:

Jarosław Jankowski
Ihr Persönlichkeitstyp: Reformer (ENTP)

Der Stratege (INTJ)

Lebensmotto: *Das lässt sich perfektionieren!*

Unabhängige, herausragende Individualisten, die
über unglaublich viel Energie verfügen. Sie sind
kreativ und einfallsreich. Von anderen werden sie
als kompetente und selbstsichere Menschen angesehen, wenngleich sie distanziert und enigmatisch
wirken. *Strategen* betrachten alle Angelegenheiten
aus einer breiten Perspektive. Sie möchten ihre
Umwelt perfektionieren und ordnen.

Strategen sind gut organisiert, verantwortungsbewusst, kritisch und anspruchsvoll. Es ist schwer,
sie aus dem Gleichgewicht zu bringen. Zugleich ist
es aber auch nicht einfach, sie völlig zufrieden zu
stellen. Ihre Natur erschwert es ihnen, die Gefühle
und Emotionen anderer Menschen zu erkennen.

Natürliche Veranlagungen des *Strategen*

- Die Quelle seiner Lebensenergie: seine innere Welt.
- Informationsaufnahme: Intuition.

- Art und Weise wie Entscheidungen getroffen werden: Verstand.
- Lebensstil: organisiert.

Ähnliche Persönlichkeitstypen

- *Logiker*
- *Direktor*
- *Reformer*

Statistische Angaben

- *Strategen* stellen ca. 1-2 % der Gesellschaft dar.
- Unter *Strategen* überwiegen Männer (80 %).
- Das Land, welches dem Profil des *Strategen* entspricht, ist Finnland.

Buchstaben-Code

Der universelle Code des *Strategen* ist in den Jungschen Persönlichkeitstypologien INTJ.

Mehr:

Jarosław Jankowski
Ihr Persönlichkeitstyp: Stratege (INTJ)

Der Verwalter (ESTJ)

Lebensmotto: *Erledigen wir diese Aufgabe!*

Fleißig, verantwortungsbewusst und überaus loyal. Energisch und entschieden. Sie schätzen Ordnung, Stabilität, Sicherheit und klare Regeln. *Verwalter* sind sachlich und konkret. Sie sind logisch,

WEIßT DU, WER DU BIST?

rational und praktisch. Sie vermögen es, sich eine große Menge detaillierter Informationen anzueignen.

Hervorragende Organisatoren, die Ineffizienz, Verschwendung und Faulheit nicht dulden. Sie sind ihren Überzeugungen treu und aufgeschlossen gegenüber anderen Menschen. Sie legen ihre Meinung entschieden dar und üben offen Kritik aus, weswegen sie manchmal ungewollt andere Menschen verletzen.

Natürliche Veranlagungen des *Verwalters*

- Die Quelle seiner Lebensenergie: seine äußere Welt.
- Informationsaufnahme: Sinne.
- Art und Weise wie Entscheidungen getroffen werden: Verstand.
- Lebensstil: organisiert.

Ähnliche Persönlichkeitstypen

- *Animateur*
- *Inspektor*
- *Praktiker*

Statistische Angaben

- *Verwalter* stellen ca. 10-13 % der Gesellschaft dar.
- Unter *Verwaltern* überwiegen Männer (60 %).
- Das Land, welches dem Profil des *Verwalters* entspricht, sind die USA.

Buchstaben-Code

Der universelle Code des *Verwalters* ist in den Jungschen Persönlichkeitstypologien ESTJ.

Mehr:

Jarosław Jankowski
Ihr Persönlichkeitstyp: Verwalter (ESTJ)

Anhang

Die vier natürlichen Veranlagungen

1. Dominierende Quelle der Lebensenergie

   o ÄUSSERE WELT
     Menschen, die ihre Energie aus der
     Umwelt schöpfen, die Aktivitäten und
     Kontakt mit anderen Menschen benö-
     tigen. Sie vertragen längere Einsam-
     keit nur schlecht.

   o INNERE WELT
     Menschen, die ihre Energie aus ihrem
     Innern schöpfen, die Ruhe und Ein-
     samkeit brauchen. Sie fühlen sich er-
     schöpft, wenn sie längere Zeit mit an-
     deren Menschen verbringen.

2. Dominierende Art, Informationen aufzunehmen

    o SINNE
Menschen, die auf ihre fünf Sinne vertrauen. Sie glauben an Fakten und Beweise und mögen erprobte Methoden sowie praktische und konkrete Aufgaben. Sie sind Realisten, die sich auf ihre Erfahrung stützen.

    o INTUITION
Menschen, die auf ihren sechsten Sinn vertrauen. Sie lassen sich durch Vorahnungen leiten und mögen innovative Lösungen sowie Probleme theoretischer Natur. Sie zeichnen sich durch eine kreative Herangehensweise sowie die Fähigkeit aus, Dinge vorherzusehen.

3. Dominierende Art, Entscheidungen zu treffen

    o VERSTAND
Menschen, die sich nach ihrer Logik und objektiven Regeln richten. Sie sind kritisch und direkt, wenn sie ihre Meinung äußern.

    o HERZ
Menschen, die sich nach ihren Empfindungen und Werten richten. Sie

streben nach Harmonie und Einverständnis mit anderen.

4. Dominierender Lebensstil

o ORGANISIERT
Menschen, die pflichtbewusst und organisiert sind. Sie schätzen Ordnung und mögen es, nach Plan zu handeln.

o SPONTAN
Flexible Menschen, die ihre Freiheit schätzen. Sie erfreuen sich des Augenblicks und finden sich gut in neuen Situationen zurecht.

Geschätzter Anteil der einzelnen Persönlichkeitstypen an der Bevölkerung (in %)

Persönlichkeitstyp	Anteil
Animateur (ESTP):	6 – 10 %
Anwalt (ESFJ):	10 – 13 %
Berater (ENFJ):	3 – 5 %
Betreuer (ISFJ):	8 – 12 %
Direktor (ENTJ):	2 – 5 %
Enthusiast (ENFP):	5 – 8 %
Idealist (INFP):	1 – 4 %
Inspektor (ISTJ):	6 – 10 %
Künstler (ISFP):	6 – 9 %
Logiker (INTP):	2 – 3 %
Mentor (INFJ):	ca. 1 %

Moderator (ESFP):	8 – 13 %
Praktiker (ISTP):	6 – 9 %
Reformer (ENTP):	3 – 5 %
Stratege (INTJ):	1 – 2 %
Verwalter (ESTJ):	10 – 13 %

Geschätztes prozentuales Verhältnis von Frauen und Männern je nach Persönlichkeitstyp

Persönlichkeitstyp	Frauen/Männer
Animateur (ESTP):	40 % / 60 %
Anwalt (ESFJ):	70 % / 30 %
Berater (ENFJ):	80 % / 20 %
Betreuer (ISFJ):	70 % / 30 %
Direktor (ENTJ):	30 % / 70 %
Enthusiast (ENFP):	60 % / 40 %
Idealist (INFP):	60 % / 40 %
Inspektor (ISTJ):	40 % / 60 %
Künstler (ISFP):	60 % / 40 %
Logiker (INTP):	20 % / 80 %
Mentor (INFJ):	80 % / 20 %
Moderator (ESFP):	60 % / 40 %
Praktiker (ISTP):	40 % / 60 %
Reformer (ENTP):	30 % / 70 %
Stratege (INTJ):	20 % / 80 %
Verwalter (ESTJ):	40 % / 60 %

Literaturverzeichnis

- Arraj, J. (1990): *Tracking the Elusive Human, Volume 2: An Advanced Guide to the Typological Worlds of C. G. Jung, W.H. Sheldon, Their Integration, and the Biochemical Typology of the Future.* Midland, OR: Inner Growth Books.

- Arraj, J. / Arraj, T. (1988): *Tracking the Elusive Human, Volume 1: A Practical Guide to C.G. Jung's Psychological Types, W.H. Sheldon's Body and Temperament Types and Their Integration.* Chiloquin, OR: Inner Growth Books.

- Berens, L. V. / Cooper, S. A. / Ernst, L. K. / Martin, C. R. / Myers, S. / Nardi, D. / Pearman, R. R./Segal, M./Smith, M. A. (2002): *Quick Guide to the 16 Personality Types in Organizations: Understanding Personality Differences in the Workplace.* Fountain Valley, CA: Telos Publications.

- Geier, J. G./Downey, D. E. (1989): *Energetics of Personality*: Success Through Quality Action. Minneapolis, MN: Aristos Publishing House.

- Hunsaker, P. L. / Alessandra, T. (1986): *The Art of Managing People*. New York, NY: Simon and Schuster.

- Jung, C. G. (1995): *Psychologische Typen*. Ostfildern: Patmos Verlag.

- Kise, J. A. G. / Krebs Hirsh, S. / Stark, D. (2005): *LifeKeys: Discover Who You Are*. Bloomington, MN: Bethany House.

- Kroeger, O. / Thuesen, J. M. (1988): *Type Talk or How to Determine Your Personality Type and Change Your Life*. New York, NY: Delacorte Press.

- Lawrence, G. D. (1997): *Looking at Type and Learning Styles*. Gainesville, FL: Center for Applications of Psychological Type.

- Lawrence, G. D. (1993): *People Types and Tiger Stripes*. Gainesville, FL: Center for Applications of Psychological Type.

- Maddi, S. R. (2001): *Personality Theories: A Comparative Analysis*. Long Grove, IL: Waveland Press.

- Martin, C. R. (2001): *Looking at Type: The Fundamentals Using Psychological Type To Understand and Appreciate Ourselves and Others*. Gainesville, FL: Center for Applications of Psychological Type.

- Meier, C. A. (1986): *Persönlichkeit: Der Individuationsprozess im Lichte der Typologie C. G. Jungs.* Einsiedeln: Daimon.
- Pearman, R. R. / Albritton, S. C. (2010): *I'm Not Crazy, I'm Just Not You: The Real Meaning of the Sixteen Personality Types.* Boston, MA: Nicholas Brealey Publishing.
- Segal,M. (2001): *Creativity and Personality Type: Tools for Understanding and Inspiring the Many Voices of Creativity.* Fountain Valley, CA: Telos Publications.
- Sharp, D. (1987): *Personality Type: Jung's Model of Typology.* Toronto: Inner City Books.
- Spoto, A. (1995): *Jung's Typology in Perspective.* Asheville, NC: Chiron Publications.
- Tannen, D. (1990): *You Just Don't Understand*: Women and Men in Conversation. New York, NY: William Morrow and Company.
- Thomas, J. C. / Segal, D. L. (2005): *Comprehensive Handbook of Personality and Psychopathology, Personality and Everyday Functioning.* Hoboken, NJ: Wiley.
- Thomson, L. (1998): *Personality Type: An Owner's Manual.* Boston, MA: Shambhala.
- Tieger, P. D./Barron-Tieger, B. (2000): *Just Your Type: Create the Relationship You've Always Wanted Using the Secrets of Personality Type.* New York, NY: Little, Brown and Company.

- Von Franz, M.-L. / Hillman, J. (1971): *Lectures on Jung's Typology.* New York, NY: Continuum International Publishing Group.

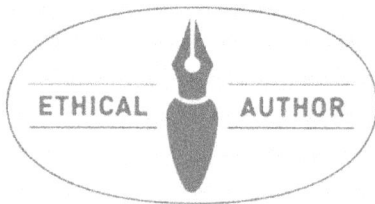

Der Leser steht an erster Stelle.

Eine Autorenkampagne
der Alliance of Independent Authors

Zu welchem der 16 Persönlichkeitstypen gehören Sie? Sind Sie ein energischer und entschlossener *Verwalter*? Ein sensibler und kreativer *Künstler*? Oder doch eher ein analytischer und scharfsinniger *Logiker*?

Dank dem Persönlichkeitstest ID16™© finden Sie die Antwort auf diese spannende Frage und werden sich selbst und andere Menschen besser verstehen können!

Dieses Buch stellt eine Einführung in die Persönlichkeitstypologie ID16™© dar. Ausführliche Informationen zu den einzelnen Persönlichkeitstypen finden Sie in der Serie ID16™©.

Jarosław Jankowski

Magisterstudium der Pädagogik an der Nikolaus-Kopernikus-Universität Toruń (Polen) sowie Absolvent des Executive-MBA-Programms Brennan School of Business an der Dominican University in River Forest, Illinois (USA). Direktor für Forschung und Entwicklung in einer internationalen Nichtregierungsorganisation. Wissensvermittler zum Thema Persönlichkeitstypen, Begründer des Persönlichkeitstests ID16™©.

„Schade, dass ich das nicht bereits vor 20 Jahren wusste. Mein Leben würde anders aussehen."

„Ich habe mich besser kennengelernt. Es hat sich gelohnt, dafür Zeit zu investieren!"

„Es war überraschend für mich, gleichzeitig hat es mir dabei geholfen, einige meiner Empfindungen und Reaktionen besser zu verstehen."

LOGOS MEDIA

ETHICAL AUTHOR
Der Leser steht an erster Stelle.
Eine Autorenkampagne
der Alliance of Independent Authors

ISBN 978-83-7981-109-0

LOGOS
MEDIA

Jarosław
Jankowski

erieID16™©

LABO
RATORIO
DEL BUEN
VIVIR

Tu tipo de personalidad:
Consejero (ENFJ)